Ein Buch der Zeitschrift Blinker

PRAXISTIPPS
von Vincent Kluwe-Yorck

BAND 9

ERFOLGREICH AUF RAUBFISCH

JAHR TOP SPECIAL VERLAG

Mit herzlichem Dank an René Hupe und Karsten Pahl für die Überlassung einiger Fotos einschließlich des Titelbildes.

Die Deutsche Bibliothek – CIP-Einheitsaufnahme
Erfolgreich auf Raubfisch / von Vincent Kluwe-Yorck. -
Hamburg : Jahr-Top-Special-Verl., 2001
[Praxistipps ; Bd. 9]
[Ein Buch der Zeitschrift Blinker]
ISBN 3-86132-601-9

JAHR TOP SPECIAL VERLAG GmbH
Jessenstrasse 1, 22767 Hamburg
Telefon 040 / 38906-0, Telefax 040 / 38906-302

Texte, Fotos und Zeichnungen: Vincent Kluwe-Yorck
Titelgestaltung und Layout: Vincent Kluwe-Yorck, Berlin
Redaktion: Karl Koch
DTP-Satz, Scan, Bildbearbeitung: MedienWerkstatt Dr. Kluwe, Berlin
Druckvorstufe: DMP – Digital Media Production, Berlin
Druck: Druckhaus am Treptower Park, Berlin

ISBN 3-86132-601-9

Inhalt

Attraktion Raubfisch 4

Die Raubfische:
Aal 6
Barsch 8
Hecht 10
Zander 12
Rapfen 14
Wels 16
Meerforelle 18

Angelgerät:
Naturköder-Ruten 20
Spinnruten 22
Rollen 24
Schnur und Vorfach 26

Angeln mit Naturködern:
Naturköder 28
Methoden I 30
Methoden II 32
Methoden III 34
Methoden IV 36

Angeln mit Kunstködern:
Spinner 38
Blinker 40
Wobbler I 42
Wobbler II 44
Wobbler III 46
Bleiköpfe I 48
Bleiköpfe II 50
Systeme mit Köderfisch 52
Praxis I 54
Praxis II 56

Angeln vom Boot:
Echolot I 58
Echolot II 60
Trolling 62

Praxistipps: Die Serie 63

Attraktion Raubfisch 4

Die Art von Romantik, die der Raubfischangler liebt: diesige Morgendämmerung mit kalten Nebelschwaden, unter denen die Räuber lauern!

Deutschland ist ein reiches Land: reich an Gewässern und reich an interessanten Raubfischen. Durch Verbesserung der Wasserqualität entwickeln sich ehemals bedrohte Arten wieder gut. Dadurch ist gezieltes Beangeln kapitaler Großräuber wie Hecht und Wels oder auch der schönsten Salmoniden heute für jeden Angler möglich und bleibt nicht nur den Spezialisten vorbehalten.

Jeder Angler, der bereit ist, auf die Pirsch zu gehen, kann heute in seiner unmittelbaren Umgebung persönliche Sternstunden erleben.

Raubfische sind für den Angler eine Herausforderung: Selbst gewitzte Jäger, verstehen sie es gut, sich zu verbergen. Nur wenn wir ihre Reviere aufspüren, genau beobachten und den richtigen Zeitpunkt finden, werden wir sie überlisten, uns in sie hineindenken, um sie mit ihren eigenen Waffen zu schlagen. Als Pirschangler immer aktiv und in Bewegung: leichtes Gepäck und vorsichtiges Schleichen in guter Deckung oder große Wasserflächen absuchen, um den Fisch aufzuspüren.

Der Reiz: einen misstrauischen Fisch mit unfressbarem, totem Material aus der Reserve zu locken durch kunstvolles Präsentieren des nur scheinbar lebenden Köders. Präzises Anwerfen. Die fängige Tiefe finden und lernen, den Köder bei jedem Wurf möglichst lautlos wieder dort anzubieten.

Mit relativ wenig Gerät lässt sich relativ viel Fisch fangen! Und viel mehr braucht der Angler auf der Pirsch mit Kunstködern nicht.

Den richtigen Köder ermitteln: Blinker oder Wobbler, Gummifisch oder Twister? Wie groß und welche Farbe? Aber

auch gekonntes Angeln mit Naturködern auf die ganz Großen: seine Falle an der richtigen Stelle auslegen und geduldig warten, bis der Räuber in Stimmung ist und sein Jagdrevier besucht.

Versuchen wir, diese Kunstfertigkeiten zu erlernen!

Wissenschaftl. Name:
Anguilla anguilla
Besondere Merkmale:
Schlangenförmiger Körper mit durchgehendem Flossensaum.
Gewicht:
Bis 6 kg, normal 1 bis 3 Pfd.
Vergleiche:
Meeresaal (Conger).
Lebensraum:
In der Sargassosee geboren, zieht er als Larve über den Atlantik bis in die Brackwasserzone unserer Küste, wo er sich vor dem Aufstieg in den Glasaal verwandelt. Nun steigt er in die Flussläufe auf und erobert sich jeden möglichen Lebensraum, wobei er alle Hindernisse überwindet. Durch Besatz bewohnt er auch viele Seen bis in den Süden Deutschlands.
Lebensweise:
Tagsüber hält er sich in seinem Versteck verborgen – eingegraben im Schlamm, zwischen Wurzeln oder in Vertiefungen. Mit Einbruch der Dunkelheit wird er aktiv und geht in Ufernähe auf Beutejagd.
Breitkopfaale (Raubaale) ernähren sich von größeren Tieren: Krebse und kleine Fische, selbst Mäuse und Frösche lassen ihn größer werden als den Spitzkopfaal, der sich von Laich, Würmern, Insektenlarven und Flohkrebsen ernährt.
Saison:
Frühling bis Herbst.
Fangzeiten:
Schwüles Wetter, laue Abende, besonders günstig nachts.
Fangmethode:
Kräftige Rute mit zuverlässiger Bissanzeige wie Swinger und Piepser, Montage auf Grund gelegt. Mit Leuchtpose den Köder über Grund schwebend anbieten. Stahlvorfach ist für große Stücke empfehlenswert!
Köder, Lockmittel:
Würmer, Fleischstücke, Fischfetzen und kleine Köderfische.

Der Flussbarsch ist einer der schönsten Fische unserer Gewässer. Unverkennbar die Form seiner Rückenflossen und die typische Zeichnung.

Wissenschaftl. Name:
Perca fluviatilis

Besondere Merkmale:
Zwei getrennte Rückenflossen. Die ersten Strahlen der vorderen als Stacheln ausgebildet. Außerdem das Erkennungszeichen: ein runder schwarzer Fleck auf der Rückenflosse. Dunkle Streifen auf den Flanken. Auch die Kiemendeckel mit Stacheln bewehrt: Vorsicht bei der Versorgung!

Barsche sind zwar sehr häufig, aber in dieser Größe eher selten!

Gewicht:
Bis 3,5 kg, normal 100 g - 2 Pfd.

Vergleiche:
Zander.

Lebensraum:
Extrem anpassungsfähig, findet er sich in fast allen Binnengewässern Europas zurecht: Von den Bergen bis zum Brackwasser der Küste ist er überall vertreten. Und er nutzt alle Zonen: Er lebt als farbenprächtiger Krautbarsch in der Uferzone, als heller Jagebarsch im Freiwasser und als dunkler Tiefenbarsch in den unteren Schichten seines Gewässers. Dabei ist er in vielen Gewässern auch sehr zahlreich: Einer der wenigen wertvollen Speisefische, die nicht in ihrem Lebensraum bedroht sind!

Lebensweise:
Lebt gerne gesellig im Familienverband und jagt im Rudel. Barsche werden im Alter zu Einzelgängern, die sich dann hauptsächlich von kleinen Fischen ernähren. Verbirgt sich vorzugsweise an Hindernissen wie Pfeilern, Häfen, Wehren, Bäumen und Scharkanten.

Saison:
Sommer. Im Prinzip aber ganzjährig zu beangeln.

Fangzeiten:
Morgen- und Abendstunden.

Fangmethoden:
Die kurzweiligste Methode ist das Fischen mit der leichten Spinnrute. Wir wandern das Ufer ab und werfen an allen beschriebenen Standorten den Kunstköder aus, um ihn langsam wieder einzuholen.

Köder:
Alle kleinen Kunstköder. Als Kannibale nimmt er am liebsten gestreifte Spinner und kleine Wobbler mit Barschdekor. Neugierig verfolgt er den Köder – gelegentlich leider, ohne ihn zu packen.
Auch gezupfte Naturköder wie kleine Fischfetzen oder Köderfische sind erfolgreich.

Auffällig das entenschnabelige Maul und die weit hinten stehende Rückenflosse. Kapitale Exemplare findet man meist in großen Gewässern.

Wissenschaftl. Name:

Esox lucius

Besondere Merkmale:

Körper langgestreckt mit langem Kopf und entenschnabeligem Maul. Farbe grün mit unregelmäßigen Flecken oder Streifen. Form und Stand der Rücken- und Afterflosse: stark abgerundet und dicht vor der Schwanzwurzel stehend.

Gewicht:

Bis 30 kg, normal 5 bis 15 Pfd.

Großes Wasser – große Fische. Ein Boot bringt uns zu den Kapitalen.

Lebensraum:

Als Sichtjäger und Opportunist, der alles greift, was seinen Zähnen zu nahe kommt, liebt er klares, sichtiges und bevorzugt stehendes Wasser mit gutem Sauerstoffgehalt. Man findet ihn in allen entsprechenden Gewässern zwischen den Ostseebodden, in deren Nahrungsreichtum er sehr groß werden kann, und den Seen der Voralpenregion.

Lebensweise:

Aus guter Deckung heraus lauert er seiner Beute auf und liebt daher Verstecke und Unterstände: Uferhöhlen, abgesunkene Bäume, Schilf oder wenigstens ein Krautbüschel.

Oft verrät er seine Anwesenheit durch blitzartige Attacken auf die Beutefische, die wir als Beobachter bemerken und ihn dann gezielt anwerfen können.

Saison:

Top: Mai nach der Laichzeit und dann wieder Herbst bis in den Winter.

Fangzeiten:

Am typischen Hechtwasser ist grundsätzlich kein frühes Aufstehen nötig: Fangzeiten Vormittag bis Abenddämmerung.

Fangmethoden:

Standard sind drei Methoden: Im Sommer wird er von Ansitzanglern mit dem Köderfisch beangelt. Meist werden zwei Ruten, 100 bis 200 g WG, mit mechanischen Bissanzeigern und Piepsern abgelegt.

Oder der Köderfisch wird unter der Segelpose angeboten, die auch weitab eingesetzt wird.

Im Frühjahr und Herbst kommen die Kunstköder zum Zug: Hier wandert der Hechtangler das Ufer ab oder sucht den Fisch mit dem Boot.

Köder:

Toter Köderfisch am System. Ganze Köderfische wie Ukelei, Plötze und Schleie. Meeresfische, z.B. Stint und Hering. Große Gummifische, Wobbler.

Auch der Zander liebt offene, weite Wasserflächen, und große Exemplare werden besser mit dem Boot gesucht. Ein Echolot ist vorteilhaft!

Wissenschaftl. Name:
Stizostedion lucioperca

Besondere Merkmale:
Typisches Raubfischmaul, bis hinter die Augen öffnend, mit langen, spitzen Zähnen. Zwei getrennte Rückenflossen – die vordere mit stachligen Hartstrahlen. Die Augen auffallend starr und leuchtend gelb mit flachem Blick.

Gewicht:
Bis 20 kg, normal bis 15 Pfd.

Unser Zander (oben) und sein kleinerer Bruder von der Wolga

Hinweis:
Jungzander mit bläulichme-

tallischem Schimmer und getrennten Rückenflossen nicht verwechseln mit dem braunschwarzen Kaulbarsch, dessen erste und zweite Rückenflosse ineinander übergehen!

Lebensraum:

Liebt das getrübte Wasser großer, warmer Gewässer mit üppiger Vegetation und reichem Nahrungsangebot, das seine Beutefische in riesigen Scharen gedeihen lässt. Wir finden ihn in tiefen Flüssen und ihren Nebengewässern. Auch große Seen mit ausgedehnten Kiesböden sind ideal. So wächst er z.B. in den Ostseehaffen zu beachtlicher Größe heran.

Lebensweise:

Lebt gesellig in kleinen Gruppen am Grund und lauert an Scharkanten auf Beute. Er jagt im Freiwasser, kreist die Beute mit seinem Rudel ein und treibt sie in die Enge. Auf Unterstände ist er nicht angewiesen.

Saison:

Herbst bis in den Winter.

Fangzeiten:

Morgendämmerung, abends. Trübe Tage und Nebel sind ideal. Bei gekräuselter Oberfläche kommt er nach oben, bei Helligkeit steht er tiefer.

Fangmethoden:

Mit Spinnrute und bodennah geführtem Twister finden wir ihn über festem, sandigem Boden, falls vorhanden.

Mit Gummifisch und Wobbler lässt er sich in verschiedenen Tiefen suchen.

Mit der Grundrute bieten wir ein kleines Köderfischchen an, das wir mit einem Laufblei grundnah oder unter der Pose in variabler Tiefe präsentieren.

Wichtig bei allen Methoden: feine Schnur wie z.B. 0,20 bis 0,25er Monofil!

Köder:

Kleine Kunstköder und kleine Fischfetzen am Einzelhaken.

Dieser Rapfen darf als kapital gelten. Nicht leicht zu finden – nicht leicht zu fangen. Glücklich der Angler, dem es gelingt, ihn zu überlisten!

Wissenschaftl. Name:
Aspius aspius

Besondere Merkmale:
Stark oberständiges Maul mit Öffnung bis unter die Augen. Als Bindeglied zwischen den Raubfischen und Friedfischen kein typisches Gebiss, sondern die Schlundzähne der Cypriniden. Tief gegabelte, fransige Schwanzflosse.

Im Gegensatz zum Döbel keine dunkle Netzzeichnung der Schuppen. Lange Afterflosse, stark konkav eingebuchtet.

Die kraftvolle Gestalt beweist den ausdauernden Schwimmer!

Gewicht:
Bis 10 kg, normal 3 bis 6 Pfd.

Vergleiche:
Döbel.

Lebensraum:
Er lebt als „Sprinter“, der viel Raum für seinen Bewegungsdrang braucht, in der kräftigen Strömung der Barben- und der Brassenregion.

Man findet ihn aber auch in großen Seen und den Ostseehaffen.

Lebensweise:
Als schneller Räuber, der bei den Kleinfischen Beute macht, jagt er im Sommer unter der Oberfläche dahin. Er greift die Scharen der Lauben, Hasel, Plötzen und Rotfedern mit einer so unglaublichen Geschwindigkeit an, dass sie in panischem Schrecken kreisförmig in allen Richtungen aus dem Wasser spritzen. An kalten Tagen folgt er seiner Beute in die tieferen Gewässerzonen.

Saison:
Sommer bis in den Herbst.

Fangzeiten:
Sichtjäger: tagesaktiv.

Fangmethoden:
Die schönste Methode ist das Spinnfischen auf Sicht, wenn er im Sommer dicht unter der Wasseroberfläche zwischen die Schwärme seiner Beutefische fährt. Man sieht sie spritzen – also weiß man, wo er bei der Arbeit ist!

Man überwirft ihn und führt den Köder mit Tempo durch den Schwarm der Beutefische.

Köder:
Silbern blitzende Blinker, z.B. große Löffelblinker mit rotem Reizanhängsel.

Wichtig ist die ultraschnelle Führung des Metalls: Der Köder sollte nah der Oberfläche durchs Wasser fliegen und darf auch meterweite Luftsprünge vollführen: Der Rapfen kriegt ihn schon, wenn er will!

Am Rio Ebro werden solche Giganten gefangen – allerdings springen sie einem auch dort nicht gerade ins Netz!!

Wissenschaftl. Name:

Silurus glanis

Besondere Merkmale:

Lang gestreckter Körper. Winziges Rückenflösselchen, Afterflosse als langer Saum, der in die runde Schwanzflosse übergeht. Sein Erkennungszeichen: sechs Barteln, zwei davon als lange Fühler auf dem Oberkiefer ausgebildet.

Gewicht:

Bis 150 kg, normal 20 - 50 Pfd.

Der Wels ist leicht an den Bartfäden und der Körperform zu erkennen.

Lebensraum:

Fühlt sich wohl in sommer-

warmen, trüben, nährstoffreichen Seen und Altarmen und in großen, tiefen Flüssen mit weichem Bodensediment.
Günstig sind große Gewässer mit entsprechend großen Revieren, um sich kapitales Gewicht anzufressen.
Schwerpunkte sind bei uns Brandenburg mit Havelgebiet und Oderbruch, Bayern mit Regen, Naab und Donaugebiet sowie das Rhein-Main-Gebiet.

Lebensweise:

Umwoben von Legenden lebt er als geheimnisvollster unserer Giganten standorttreu mit festem Revier, verborgen in seinem Versteck zwischen den Ästen eines Baums, in seiner Uferhöhle oder einer Mulde im Bodenprofil.
Wird er aktiv, jagt er bis in die Nacht, wobei er bis an die Ufer kommt mit ihrer Vegetation, in der viele seiner Beutefische Schutz und Nahrung suchen.

Saison:

Frühsommer bis Frühherbst.

Fangzeiten:

Tag und Nacht – unterschiedlich je nach Gewässer.

Fangmethoden:

Die Ansitzangler rudern ihre schweren Grundruten-Montagen mit dicker Pose und ganzem Köderfisch abends an die Stelle ihrer Wahl und warten auf den Biss.
In südlichen Gewässern kann man ihn auch mit reizvoll geführten Kunstködern aus seinem Versteck locken.

Köder:

Große, ganze Köderfische, bis 1,50 m unter der Oberfläche angeboten: Montage mit Pose oder Wallerboje.
Spinn- u. Schleppfischen, im Süden sehr beliebt vom treibenden Boot mit großen Kunstködern, die durch das Revier bzw. am Unterstand des Wallers vorbeigezogen werden.

Egal mit welcher Methode: die Meerforelle ist ein Klassefang – und Klasse in der Pfanne! Aber man muss sie erst einmal kriegen!!

Wissenschaftl. Name:
Salmo trutta forma trutta
Besondere Merkmale:
Fettflosse meist rot umrandet. Etwas gedrungener als der Atlantische Lachs mit kürzerem und kräftigerem Schwanzstiel und größerem Kopf.
Schwanzflosse fast gerade geschnitten. Maulöffnung reicht bis hinter die Augen. Ausprägung eines Unterkieferhakens bei älteren Männchen.

Schwanzwurzel: Vergleiche Lachs – oben mit der Meerforelle – unten

Vergleiche:
Lachs u. Huchen (Donaulachs).

Gewicht:
Bis 20 kg, normal 2 bis 6 Pfd.

Lebensraum:
Ostsee und Atlantik von Skandinavien bis zur Iberischen Halbinsel. In norddeutschen Flüssen wieder häufiger durch gezielten Besatz und Verbesserung der Wasserqualität.

In Skandinavien und Dänemark noch gute Bestände. In der Ostsee vor der dänischen Küste teils sogar sehr häufig.

Hält sich bevorzugt zwischen Algen, Tang und Seegras auf, also dort, wo sie ihre Beutetiere sucht.

Lebensweise:
Anadromer Wanderfisch, der im Frühjahr zum Laichen in die Oberläufe der Flüsse aufsteigt, ohne feste Standorte zu beziehen. Lebt sonst in Küstennähe. Sie ernährt sich als Jungfisch von Larven u. Insekten, später als gefräßiger Raubfisch von Flohkrebsen, Heringen, Stichlingen und Garnelen, deren Schwärme sie bis in die Flußssmündungen jagt.

Saison:
In den Flüssen während des Laichaufstiegs von Juni bis Spätsommer. An der Küste im Prinzip ganzjährig. April und Mai am besten.

Fangzeit:
Die Hauptfangzeiten sind die Stunden der Morgen- und der Abenddämmerung.

Fangmethoden:
Waten mit Fliegenrute und Streamer, Spinnrute mit Wasserkugel und Spinnköder oder einfach mit Wurm, aber auch mit der Sbirolino-Pose. Spinnköder müssen tief und langsam geführt werden. Nur leichte Spinnruten, um die oft zarten Bisse spüren.

Köder:
Streamer: silber/rot/grün, Fliegen, Wobbler, Meerforellenblinker. Topköder: Tauwurm!

Posenruten:
Hecht und Zander sind die Räuber, die häufig mit der Pose beangelt werden. Geeignete Posenruten: Karpfenruten mit 12 bis 13 Fuß Länge und einer semiparabolischen bis durchgehenden Aktion, um empfindliche Naturköder wie kleine Köderfische auszuwerfen, ohne sie abreißen zu lassen.
Rutenstärke: Für Zander 1,25 bis 1,75 lb (ideal: 1,5 lb). Für Hecht: 2 bis 3 lb. Da es nur wenige Ruten fertig im Handel gibt, wäre es ideal, sich aus einem geeigneten Blank eine Posenrute der richtigen Länge von einem guten Rutenbauer fertigen zu lassen.
Für das Bootsangeln eignen sich leichte 11-Fuß-Grundruten wie nachfolgend näher beschrieben.

Leichte Grundruten:
11-Fuß-Ruten mit 1,25 bis 1,5 lb Testkurve und Endring mit Gewinde sind für das leichte Grundangeln auf Zander oder für leichtes Naturköderfischen auf Meerforelle ideal.
In das Gewinde können wir eine Schwingspitze als Bissanzeiger schrauben (siehe S. 34).

Schwere Grundruten:
Großhechte und Welse lassen sich mit dem feinen Gerät nicht überwältigen. Hier ist schweres Kaliber gefragt. Für den Großhecht geeignet: 12-Fuß-Karpfenruten mit 2,75 bis 4 lb Testkurve und weicher Aktion, um Köderabriss zu vermeiden.
Welsangler treiben die Kraft ihrer Ruten bis auf 6 lb Test, was angesichts der tatsächlichen Größe ihrer Beute als leicht übertrieben gelten darf. 4 lb reichen dicke!
Nur beim Bootsangeln auf wirkliche Schwergewichte wie im Po oder Ebro sind gelegentlich kurze Big Game-Ruten mit 30 lb Test gerechtfertigt!

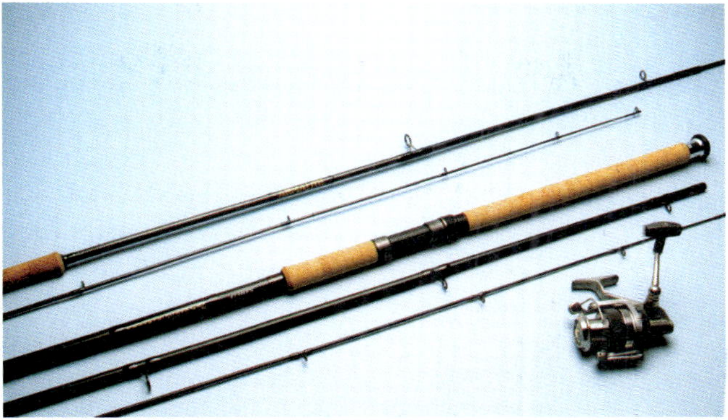

oben: Naturköder-Rute mit 1,5 lb Testkurve und 13-Fuß-Posenrute mit semiparabolischer Aktion für das mitlere Hechtangeln
unten: Kurze, kräftige Welsrute und Hechtrute mit 3 lb Testkurve

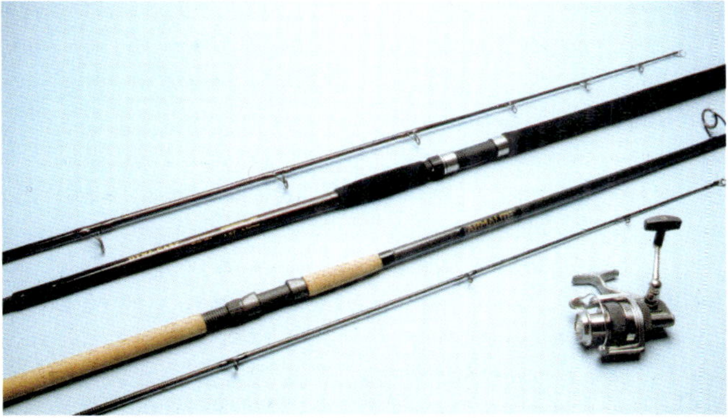

Allgemeine Hinweise:
Die zahlreichen Würfe sind für den Anfänger ermüdend. Als erste Spinnrute ist eine mittlere, handliche Universalrute zu empfehlen mit 2,40 bis 2,70 m Länge und 20 bis 60 g WG.
Generell sollten Spinnruten so leicht wie möglich sein, Kohlefaserruten sind daher günstig. Später, mit mehr Erfahrung, ist je nach persönlicher Neigung des Anglers spezialisiertes Gerät für einzelne Arten und Angelstile sinnvoll. Spinnruten für den gezielten Einsatz auf Großhecht können ein Wurfgewicht bis 100 g besitzen.
Länge: Wird nach den Umständen entschieden. Universallänge: 2,70 m. 2,10 m für schwierige Verhältnisse (Ufervegetation) und zahlreiche Würfe (Handlichkeit). Wenn es die Verhältnisse erfordern (weite Würfe, große Fische) sind Ruten bis 3 m günstiger.
Aktion: Ruten mit steifer Aktion sind günstig für Köder mit Einzelhaken wie Twister und Gummifisch. Sie bringen einen knackigen Anhieb und riskieren weniger Fehlbisse.
Etwas weichere Aktion empfiehlt sich für Köder mit mehreren Drillingen, wo sich der Fisch an den vielen nadelscharfen Hakenspitzen bereits selbst haken wird.
Beringung: Ruten für Stationärrollen haben weniger, aber größere Ringe mit längeren Schenkeln wegen der geringeren Reibung und um beim Werfen die Schnurklänge aufzufangen.
Ruten für Multirollen besitzen mehr Ringe auf dem Blank verteilt mit kleinerem Durchmesser und kurzen Schenkeln, um die Aktion optimal auszunutzen und um die Schnur beim Wurf dicht am Rutenblank zu halten.

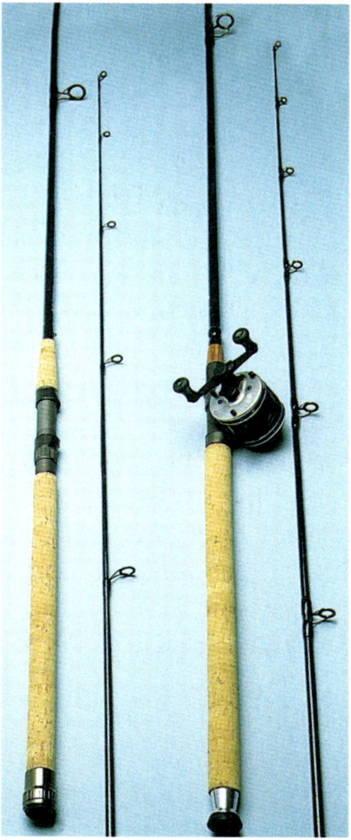

Links leichtere Spinnrute mit hochbeinigen Ringen für die Stationärrolle, rechts schwere Spinnrute mit kurzbeinigen Ringen für die stabile Multirolle.

5 Gewichtsklassen:

1. Ultraleichtes Spinnen mit leichten Ködern auf kleine Barsche und Forellen: Ruten mit 2 bis 15 g WG.
2. Leichtes Spinnfischen auf große Barsche und Rapfen, kleinere Hechte und Zander: Ruten mit 10 bis 30 g WG.
3. Mittleres Spinnen auf Zander, Hecht und Meerforelle: Ruten mit 20 bis 40 g.
4. Schweres Spinnfischen auf sehr große Zander und mittelgroße Hechte: Ruten mit 30 bis 80 g WG.
5. Ultraschweres Spinnfischen auf Großhechte, aber vor allem Wels und Huchen mit sehr schweren Ködern wie Köderfischen am System und Großwobblern: Ruten mit 80 bis 150 g WG. Nur wenige Gewässer bieten die Möglichkeit, Gerät der Klassen 4 und 5 einzusetzen, da wir nur wenige Fische dieser Kategorie besitzen!

Allgemeine Hinweise:
Durch das häufige Werfen sowie den Einsatz modernster Hochleistungsschnüre mit geringer Dehnung wirken große Belastungskräfte auf die Rolle. Das erfordert eine gute Qualität mit hochwertigen, zuverlässigen Materialien für Gehäuse, Getriebe und Bremse.
Dennoch sollte die Rolle leicht sein, da wir sie z.B. beim Spinnfischen ständig in der Hand halten und bewegen.
Moderne Verbundfasern verbinden niedriges Gewicht mit hoher Belastbarkeit.
Für das Spinnfischen ist eine langsame Übersetzung des Getriebes von 1 : 4,5 bis 1 : 5 wichtig, da der Köder sehr langsam geführt werden muss. Und Anfänger neigen ohnehin dazu, die Spinnköder viel zu schnell zu führen!
Zu jeder Rolle sollte man sich einige Ersatzspulen zulegen für unterschiedliche Schnurstärken und Schnurarten: z.B. monofile und geflochtene Schnur.

Stationärrollen:
Diese Erfindung hat das moderne Spinnfischen erst ermöglicht! Entscheidend für den Erfolg der Stationärrolle: Sie wirft weit und zielgenau und macht dem Anfänger das Fischen leichter! Da sich die Spule nicht dreht, kommt es auch bei einem Anfänger nicht zu Schnurverwicklungen, die dem ungeübten Angler mit der Multirolle den Sport sauer machen können.

Multirollen:
Die entscheidenden Vorteile sind minimaler Schnurdrall, direkter Kontakt zum Fisch, und sie sind kleiner, leichter und handlicher und dazu wesentlich robuster. Ihr Nachteil: Das weite und zielgenaue Werfen erfordert viel Übung und Training auf der Wiese.

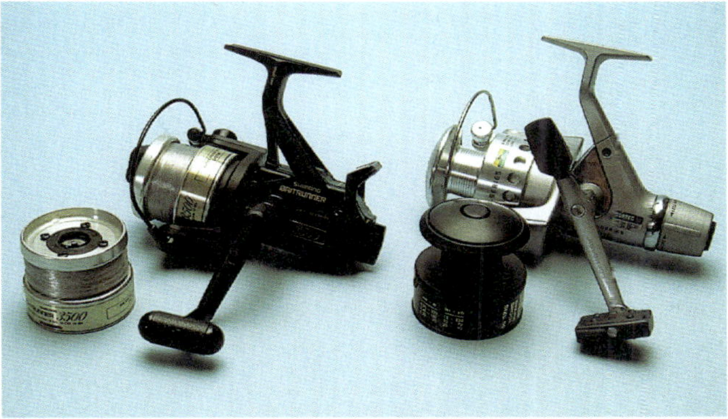

Links eine Baitrunner-Rolle, wie sie ursprünglich für das Karpfenangeln entwickelt wurde, mit Kopfbremse und Freilaufmechanismus am Heck.

Baitrunner-Rollen:
Eine Spezialität für das Naturköderangeln sind die Freilaufrollen, wie sie die Karpfenspezialisten für das Ansitzangeln einsetzen: Der Freilaufmechanismus ermöglicht den widerstandslosen Abzug des Fisches mit dem Köder.

Diese Technik ist auch für das Ansitzangeln auf große Zander und Hechte mit Fischfetzen oder Köderfisch ideal.

Multirollen sind bei gleicher Schnurfassung kleiner und leichter als Stationärrollen und dabei auch noch robuster. Sie erfordern aber eindeutig mehr Übung.

Hauptschnur und Vorfächer wie das empfehlenswerte Seven-Strand

Monofile Schnüre:

Je feiner und weicher eine Schnur, desto größere Wurfweite lässt sich erreichen.

Und für einen direkten Anschlag sollte sie gerade beim Spinnfischen möglichst geringe Dehnung haben.

Allgemeine Eigenschaften wie Abriebfestigkeit, hohe Knotenfestigkeit und geringe Wasseraufnahme sind ebenfalls wichtig. Die Generation der modernen Hochleistungsschnüre hat neben feinerem Durchmesser bei erhöhter Tragkraft auch auf diesen Gebieten deutliche Verbesserungen gebracht.

Die Tragkraft bzw. Stärke der Schnüre muss auf das Wurfgewicht (WG) der Ruten und ihr jeweiliges Einsatzgebiet abgestimmt werden.

Für leichtes Spinnfischen ist eine Schnurstärke von 0,15 bis 0,20 mm angemessen.

Mittleres Spinnfischen und das leichte Naturköderangeln

fordern Stärken von 0,20 mm bis 0,30 mm.

Beim schweren Spinnfischen und dem Naturköderangeln mit Grundruten werden stärkere Schnüre von 0,30 mm bis 0,40 mm eingesetzt.

Das Welsangeln fordert je nach Gewässer und seinen Hindernissen noch stärkere Schnur.

Geflochtene Schnüre:

Geflochtene Schnur wird heute von vielen Anglern beim Spinnfischen genutzt: Sie ist weich und läuft leicht von der Spule. Sie bietet wegen der geringen Dehnung auch auf Distanz direkten Kontakt zum Köder und zum Fisch: Feine Bisse sind deutlich spürbar.

Und sie vereint hohe Tragkraft mit dünnem Durchmesser.

Die weiche Schnur erfordert allerdings sorgfältiges Binden der Knoten, wie sie meist vom Hersteller für seine Schnur empfohlen werden!

Vorfächer:

Manche Fische sind schnurscheu: Dickes, steifes Vorfach bringt weniger Bisse! Hier sind weiche Schnüre günstiger.

Für Fische wie Zander, Rapfen und Meerforelle sind monofile Vorfächer ausreichend.

Für den Wels empfiehlt sich eine abriebfeste Schnur wie die „Krystonite“ (früher hieß sie „Quick-Silver“) von Kryston.

Stahlvorfach für Hecht oder Huchen. Aber es sollte nicht glänzen: Reflektierende Vorfächer bringen Fehlbisse! Zur Sicherheit wird es mit wasserfestem Filzstift eingefärbt.

Empfehlenswert sind die multifilen und die mit Kunststoff ummantelten Stahlvorfächer.

Auch Wirbel und Agraffen (zuverlässiger als Karabiner) sollten brüniert sein. Da Agraffen beim Köderwechsel oft geöffnet und geschlossen werden müssen, ist Qualität gefragt!

Waren früher beim Naturköderangeln auf Hecht & Co. lebende Köderfische am Haken die Regel, müssen wir uns mittlerweile an den toten Köderfisch gewöhnen: Der lebende ist bei uns teilweise verboten!

Ganze Fische wie die von vielen Anglern eingesetzten Lauben, kleine Plötzen und Barsche oder Schleien werden am System als Spinnköder, unter der Pose im Freiwasser schwebend oder an der Grundmontage angeboten.

Ganze Köderfische:

Schlanke Fische wie Lauben (Ukelei), Barschjunioren und kleine Plötzen sind bei den Zanderanglern beliebt.

Meeresfische wie der Stint und der Hering sind der Geheimtip für die ganz Großen bei den Hechtanglern.

Kleine Karpfen und mittelgroße Schleien werden von Welsanglern bevorzugt.

Fischfetzen:

Geschabte Fetzenköder mit einem dickeren Fleischlappen am Haken und einem feinen flatternden Ende dahinter sind fängige Köder für Aal, Döbel, Zander und Barsch.

Für die Herstellung verführerischer Fetzen eignen sich stark ölhaltige Meeresfische wie Hering, Stint und Makrele, aber auch jeder Weißfisch, wenn er sorgfältig vorbereitet wird.

Flavours:

Der Reiz des Köders wird mit konzentriertem Flüssigaroma verstärkt: Köderfischen oder Fischfetzen injizieren wir wenige Tropfen eines Fischöl-Flavours, indem wir eine möglichst dicke Nadel einstechen und das Aroma einspritzen. So erzeugt der Köder eine deutliche, weit verbreitete Duftspur. Spezielle Einwegspritzen und besonders dicke Nadeln gibt es im gut sortierten Angelhandel.

Alles Fischige lockt den Räuber an den Haken: ganze Köderfische, Fischfetzen und Fischstücke. Fetzen müssen am Ende fein geschabt werden.

Anfüttern:
Fischen wir mit Grundmontage und aufgelegtem Köderfisch, können wir mit dem Katapult einige klein geschnittene Stücke des Köderfisches ins Umfeld unseres Hakenköders schießen. Eine andere Methode ist, indirekt anzufüttern: Wir werfen einen Futterball an die Angelstelle, um die Beutefische anzulocken, und damit auch die Räuber.

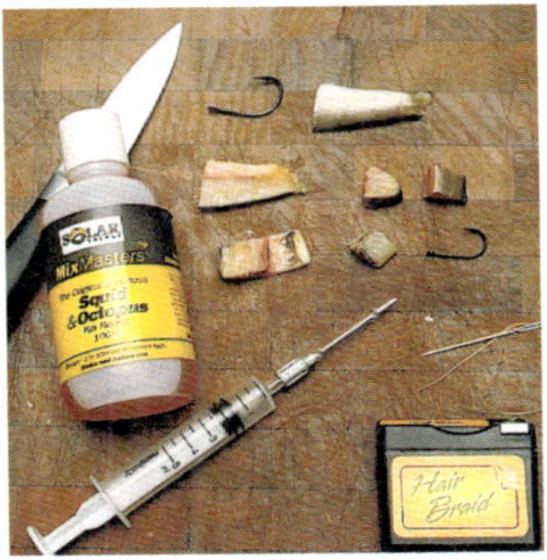

Mit der Spritze geben wir einige Tropfen Flavour in den Köder, um seinen Duft zu verstärken.

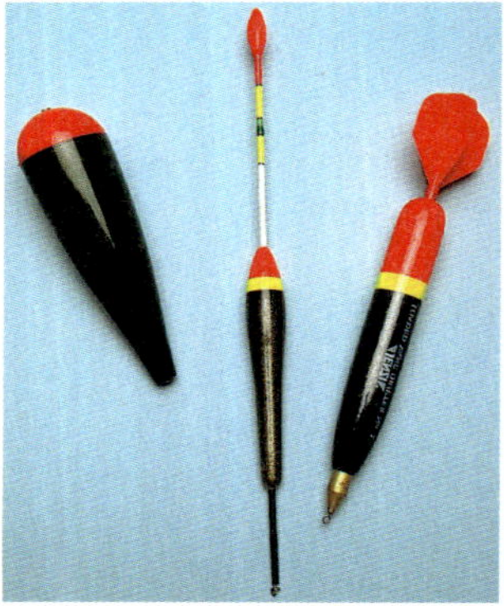

links: Raubfisch-Posen: Hecht- und Zanderpose und moderne Segelpose, die den Köder mit dem Wind treibend über das Wasser schleppt.oben: Kleiner Köderfisch am Vorfach mit 2 Drillingen

Mit der Pose lässt sich ein Köderfisch in jeder beliebigen Tiefe zwischen der Oberfläche und dem Grund frei schwebend präsentieren.

Die Methode: Am Ufer entlang pirschen auf der Suche nach den Standorten der Raubfische und den Köder direkt am Unterstand eines Räubers anbieten. Reagiert er nicht, nach einigen Minuten weiterziehen zum nächsten Versteck.

Je nach Gewässertiefe kann die Pose in Festmontage oder als Laufpose präsentiert werden. Eine Segelpose hilft, große Gewässerflächen zu beangeln und auch entfernte Standorte zu erreichen. Dies aber nur bei ablandigem Wind, da sie der Wind über das Wasser treibt!

Montage:

Die riesigen Posen früherer Angelstile brauchen wir heute nicht mehr. 20- bis 40-g-Posen reichen, um einen kleinen toten Köderfisch zu tragen. Die Hälfte der Tragkraft lasten wir mit einem Kugelblei über dem

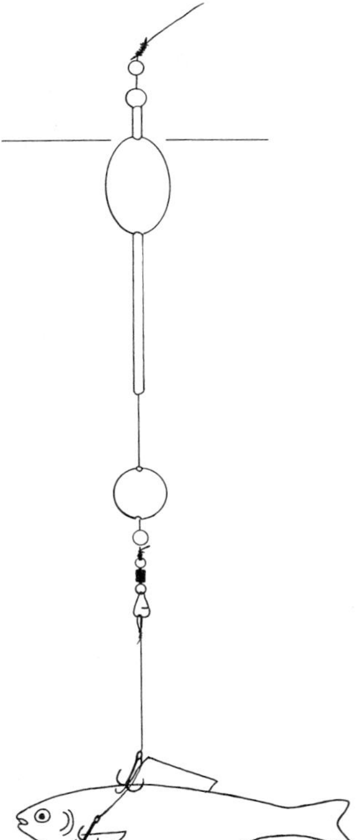

Montage: Stopperknoten, Stopperperle, Hechtpose, Bleikugel, Gummiperle(n), Karabinerwirbel, Stahlvorfach mit 2 Drillingen

Vorfach aus, damit der Köder unten bleibt und die Pose korrekt im Wasser steht.

Ein bis zwei Gummiperlen über dem Wirbel schützen den Knoten vor Beschädigung.

Vorfach:

Vorfach mit zwei Drillingen aufbauen. Ob Stahl oder abriebfeste Schnur wie Krystonite entscheiden wir nach der Beute, die wir beangeln: Hecht eher Stahl, Zander und Aal auch Geflochtene. Den unteren Drilling nach Belieben anknoten. Den oberen z.B. mit dem No-Knot anwickeln, um den Abstand auf die Ködergröße abzustimmen.

Wichtig ist bei einem toten Köderfisch, dass er in natürlicher Schwimmlage unter der Pose hängt: Unteren Drilling in die feste Wurzel der Brustflosse stechen, den oberen in die Wurzel der Rückenflosse vor dem ersten Flossenstrahl.

Raubfische sammeln als klassische Opportunisten auch tote Fische vom Grund auf.
Deshalb kann es sinnvoll sein, toten Köder gelegentlich an der Grundmontage anzubieten.

Montage:

Für kurze Würfe 20 bis 40 g Seitenblei am kurzen Boom mit Leger Bead-Einhänger. Für weite Würfe ein Inline-Lead mit weicher Anti-Tangle-Tube wie beim Karpfenangeln.

Döbel und Zander: z.B. kleine Lauben am großen Einzelhaken, an der Lippe eingehängt. Wichtig ist das freie Spiel des Köders!

Große Räuber wie Zander und Hecht: Köderfische bis 15 cm Länge, an einem Vorfach mit zwei Drillingen angeboten.

Vorfach:

2 Drillinge, für kleine Köder auch Zwillings- oder Einzelhaken, am Stahlvorfach oder an geflochtener Schnur. Ideal:

Inline-Blei auf Tube und Vorfach „Krystonite" (früher Quick-Silver)

das weiche, hoch abriebfeste „Krystonite". Köderfisch entweder von vorn für kurze Würfe oder für weite Würfe von hinten anhängen. Für weite Würfe Köderfisch mit langsam löslicher PVA-Schnur sichern, die kurz hinter dem Drilling um Schwanzwurzel und Vorfach gebunden wird. Schnell auswerfen, bevor sich das PVA auflöst!

Aufbau u. Bissanzeige:

Zwei Grundruten nebeneinander abgelegt – idealer Weise auf einem Rod Pod. Zur Bissanzeige elektronische Anzeiger und mechanische Swinger wie beim Karpfenangeln.

Auf Grund mit ganzem Köderfisch

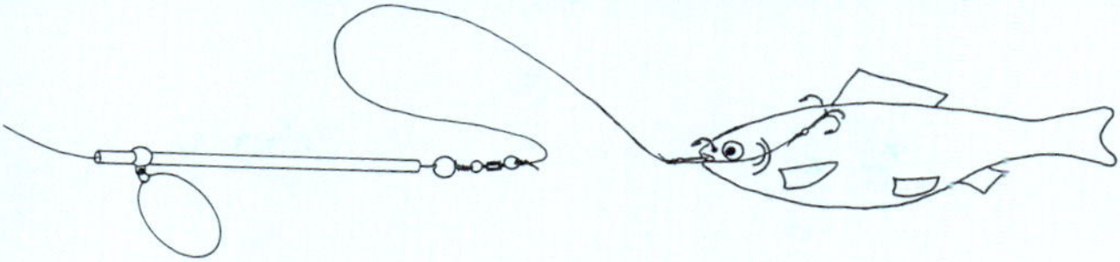

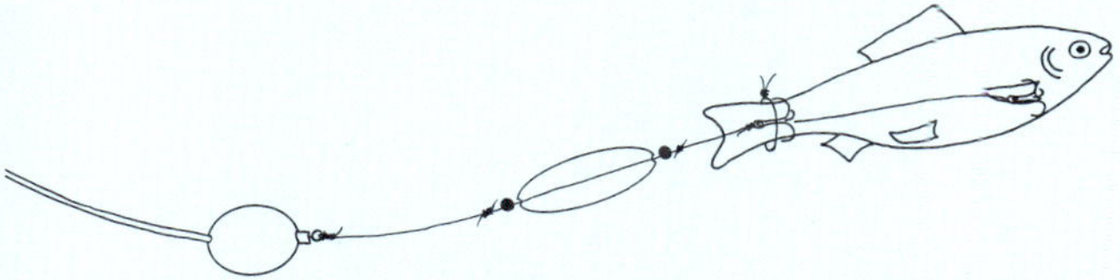

1. Montage: Vorn gehakter Köder auf Grund. Einzelhaken durch das Nasenloch. Sicherung des Hakens eventuell durch ein kleines Stück Fahrradschlauch auf der Hakenspitze.Für weitere Würfe und große Köder auch mit 2.Haken in der Rückenflossenwurzel.
2. Montage: Schwebender Köderfisch mit Inline-Blei auf weicher Anti-Tangle-Tube. Kleine Köder: Styropor in die Bauchhöhle. Große Köder: Unterwasserpose auf das Vorfach – Köder schwebt durch den Auftrieb.Für sehr weite Würfe von hinten angeködert: 1. Haken in der Schwanzwurzel und mit PVA-Schnur festgebunden, 2. Haken vor der Brustflosse

Rutenablage auf Erdspießen und Detailansicht der Bissanzeige

Effektives Paternoster-Rig mit einem Einzelhaken für Raubfisch. Seitenarm etwa 1/3 vom Vorfach.Seitenbleigewicht nach Bedarf

Mit leichter Paternoster- oder Laufbleimontage (siehe Seite 32) und kleinen Ködern lassen sich viele Räuber verführen: Mit Tauwurm Quappe, Aal, Meerforelle, Barsch. Mit Fetzenköder Zander und Döbel. Beide Köder werden am Einzelhaken serviert. Der Wurm kann mit dem Tauwurm-Spezialrig angeboten werden.

Nur der Zander wird mit einem geflochtenen Krystonite-Spezialvorfach beangelt – für die anderen Arten reicht ein monofiles Vorfach aus.

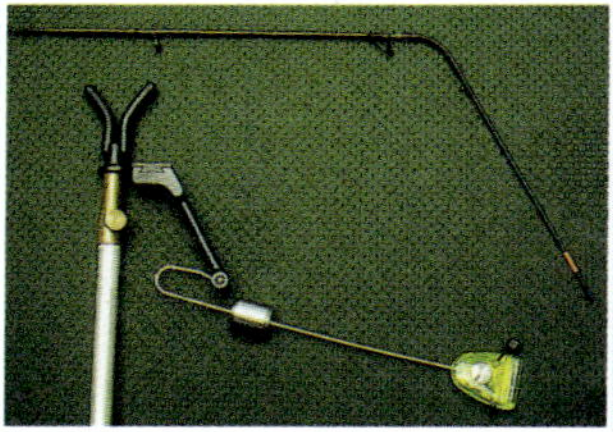

oben: Schwingspitze und Swinger
unten: Fischfetzen und Stücke

Haken hinter dem breiten Leibring durchführen. 1-2 g Bleischrot auf das Vorfach. Schwanzende mit der Ködernadel aufziehen. Vorfach in Karabiner einhängen.

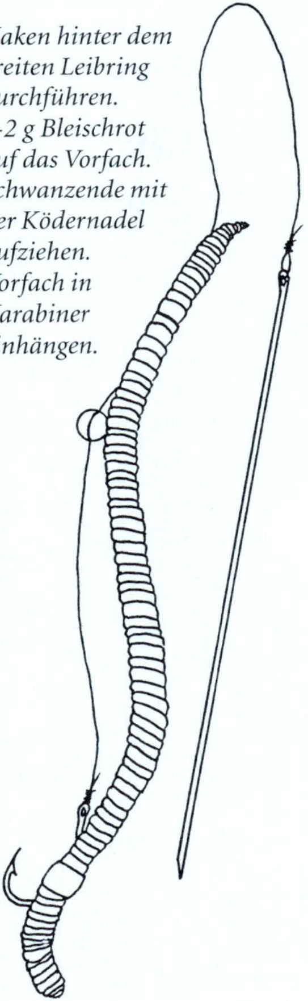

Zur Methode:

Der Einsatz von zwei Ruten ist beim Ansitzangeln mit Naturködern sinnvoll. Beide Ruten werden nebeneinader abgelegt. Ein Rod Pod, wie ihn die Karpfenangler benutzen, ist dazu ideal. Eine feine Methode ist es, bei kurzen Würfen zur Bissanzeige zwei Schwingspitzen einzusetzen.

Für weitere Würfe können wir zwei Swinger für die Bissanzeige nutzen, in die nach dem Wurf die Schnur eingehängt wird. Bei einem Biss hebt sich der Swinger als Biss-Signal.

Baitrunner-Rollen mit Freilauf sind ideal für diese Präsentation – der Fisch kann nach dem Biss ohne Widerstand Schnur von der Rolle ziehen!

Auf Döbel ist das Ansitzen nicht sehr effektiv. Hier empfiehlt es sich, mit einer Rute das Ufer abzuwandern und ihn in seinen Verstecken zu suchen!

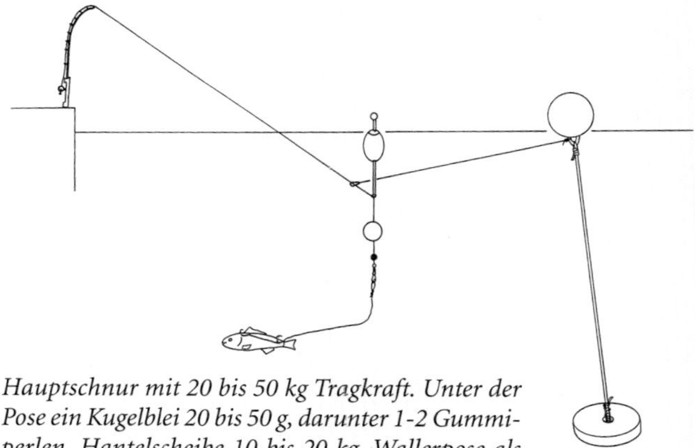

Hauptschnur mit 20 bis 50 kg Tragkraft. Unter der Pose ein Kugelblei 20 bis 50 g, darunter 1-2 Gummiperlen. Hantelscheibe 10 bis 20 kg. Wallerpose als Waggler. 3 m Reißleine mit Karabiner in die Hauptschnur gehängt

Dem Wels bieten wir große Köderfische im Mittelwasser an. Traditionell waren das lebende Köder wie kleine Aale, Karpfen oder Schleien, die mit ihren Schwimmbewegungen den Wels anlocken. Lebende Köder sind bei uns heute allerdings teilweise verboten!

Wenn man den Köder nicht vom Boot aus an der frei treibenden Pose anbietet, kann man als Uferangler eine Posenmontage an der Angelstelle verankern. Vorteil: Sie wird nicht abgetrieben oder verschleppt.

Bootsboje oder einen Reservekanister aus Plastik mit dicker Leine an eine Hantelscheibe binden und an der Angelstelle versenken. An der Boje je nach Strömung und Entfernung die 0,15 bis 0,35 mm starke Reiß-

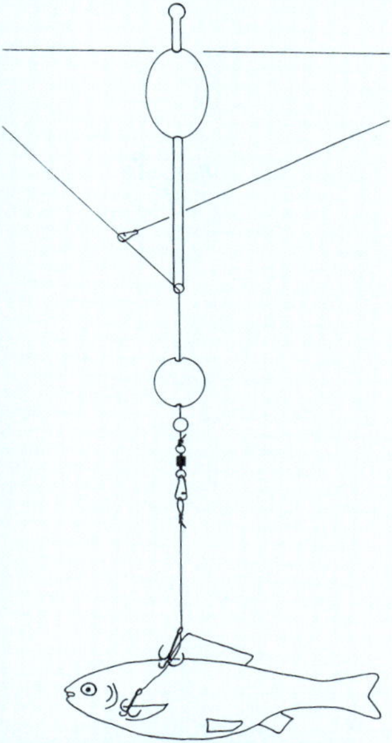

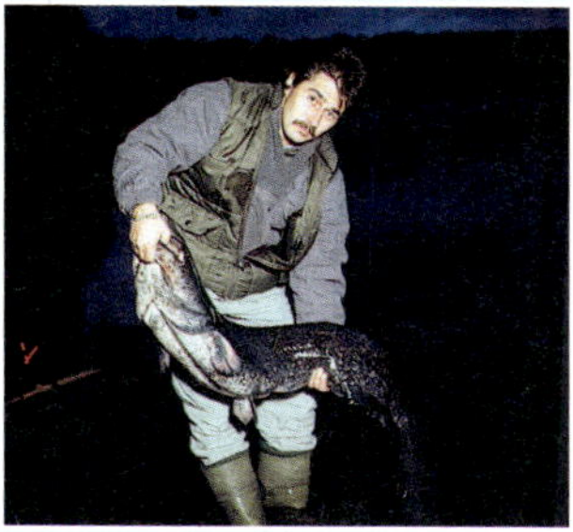

leine anbinden – ca. 3 m lang. Rute mit der fertigen Montage mit einem Boot zur Boje heraus rudern. Ködertiefe auf 1 m bis 1,50 m unter der Pose einstellen. Die Reißleine in die Hauptschnur über dem Waggler einklinken. Rollenfreilauf öffnen und zum Ufer zurückrudern.

Mit leichterer Montage und schwacher Reißleine auf kurze Entfernung Rute mit angehobener Spitze auf Erdspießen ablegen und Schnur schwach straffen. Auf große Entfernung mit schwerstem Geschirr und starker Reißleine Rute in einen tief in den Boden getriebenen Brandungsrutenhalter stecken und Schnur so straff spannen, dass sich die Spitze neigt.

Der Köder hängt nun in sicherem Abstand zur Bojenleine. Nach einem Biss mit kräftigem Anhieb die Reißleine sprengen und die Haken eintreiben.

Im Boot einen großen Raubfisch am Blech zu drillen, ist ein Erlebnis!

Ein strömungsgünstig geformtes Stück Metall rotiert um eine Mittelachse aus Draht und erzeugt Lichtreflexe, Druckwellen und Geräusche, um Räuber wie Barsch und Hecht zu reizen und so aggressiv zu machen, dass sie den Köder angreifen.

Einige Spinner sind zusätzlich mit roten Wollfäden, Plastikflossen, Propellern oder einem Gummiköder kombiniert: Versuche, die Fängigkeit durch zusätzlichen Reiz zu erhöhen. Spinner eignen sich wegen ihres relativ geringen Gewichts hauptsächlich für kleinere und nicht zu tiefe Gewässer. Starke Strömung vertragen sie nicht. Spinner sind sehr universelle Köder. Sie sind leicht zu werfen, fliegen ohne Bleikopf jedoch nicht sehr weit. Eine besondere Führung der Spinner ist nicht nötig.

Zu heftige Bewegung und eine zu intensive Aktion schrecken eher ab. In klarem Wasser etwas schneller führen, in trübem Wasser eher langsam.

Nach dem Einwurf den Spinner bis zur vermuteten Fangtiefe absinken lassen und dann langsam einkurbeln.

Um übermäßigen Schnurdrall zu verhindern, sollte man eine Anti-Kink-Scheibe oder wenigstens einen guten Tönnchenwirbel vorschalten!

Verschiedene Abarten sind: Fly-Spinner, Devon, Bleikopfspinner und Tandemspinner.

MEPPS
5

Nicht ganz einfach, den rasanten Rapfen mit Blech zu überlisten!

Löffelblinker taumeln im Wasser und reflektieren mit ihren blinkenden Flächen das Licht bzw. reizen mit den Verwirbelungen, die durch die Bewegung im Wasser entstehen.

Sie sind die Grundform des Spinnangelns überhaupt.

Dünnblechige Löffel sinken durch ihr relativ geringes Gewicht im Verhältnis zur Größe langsam und können extrem langsam geführt oder mit dem Boot geschleppt werden.

Löffel aus dickerem Blech spielen nicht so lebendig und müssen daher etwas schneller geführt werden, lassen sich aber weiter werfen und tiefer führen. Damit eignen sie sich besonders für große, tiefe Gewässer. Sie werden von Hechten und großen Salmoniden genommen. Auch der Rapfen nimmt sie, wenn sie schnell genug an der Oberfläche geführt werden.

Die Klassiker sind der traditionelle Heinz-Blinker, der Effzett-Blinker und der Toby, die man in verschiedenen Größen und Farben besitzen sollte.

Bei kaltem Wasser sind kleine Blinker fängiger. Sie müssen dann extrem langsam und sehr genau in der Tiefe geführt werden, wo der Fisch steht.

Der Räuber jagt dem Köder nicht wie im Sommer hinterher. Er schnappt nur nach ihm, wenn er langsam direkt an seinem Maul vorbeigeführt wird und ihn so zum Angriff reizt!

SOFT STRAND
PIKE WIRE
QUICKSILVER

Auch große Wasserflächen haben Ufer mit Flachwasserzonen!

Mit Oberflächenwobblern und Schwimmwobblern mit kurzer Tauchschaufel, die nur bei Zug abtauchen, wird der Bereich zwischen der Oberfläche und etwa 1 m Tiefe befischt.

Damit eignen sie sich für Flachwasserbereiche und für Krautbetten, die bis dicht unter die Oberfläche reichen.

Ihr Vorteil gegenüber den sinkenden Gummifischen und Löffelblinkern, die in diesem Bereich schneller geführt werden müssen, um Hänger zu vermeiden: Sie können auch über dichtestem Kraut sehr langsam geführt werden, wie auf Hecht unbedingt nötig.

Schwimmwobbler steigen auf, wenn sie ruhen, und tauchen ab, sobald sie wieder angezogen werden.

Lauftiefe und Lauftempo werden auf das Verhalten des Räubers abgestimmt, den man befischt.

Farbmuster und Größe des Köders hängen von den natürlichen Beutefischen des jeweiligen Gewässers ab.

Wegen der langsamen Köderführung sind lebhaft spielende Wobbler im Vorteil. Zweiteilige Modelle sind deshalb oft erfolgreicher als einteilige.

Zur Erzeugung von Schallwellen tragen einige Wobbler Kügelchen im Bauch. Sie erhöhen gerade bei langsamster Führung den Reiz des Köders.

Für die Grundausstattung: z.B. Bomber, Shallow Runner.

Solche Kaliber sind auch für Spezialisten nicht leicht zu finden!

Mittlere Tiefe meint die Zone zwischen 1 und 2 m Tiefe.

Die Köderwahl hängt hier von den Gegebenheiten ab: über einem Krautteppich bei größerer Wassertiefe ein nicht zu tief laufender Schwimmwobbler, da die im Kraut stehenden Hechte hochschießen, um ihre flach schwimmende Beute zu schnappen.

Über niedrigem Bewuchs oder auch freiem Boden schwebende Wobbler, die bei Zug auf mittlere Tiefe gehen und bei nachlassendem Zug bzw. Stillstand, in der jeweiligen Tiefe verharren: Besonders aufreizend, da es dem Bewegungsschema eines kranken Beutefisches gleicht.

Beim Fischen auf Krautbarsche kleine Wobbler zwischen 3 und 6 cm wie Shallow Runner oder der kleine Husky Jerk. Für Hechte die größeren Ausführungen der gleichen Modelle.

Zweiteilige Wobbler haben bei langsamster Führung ein äußerst lebhaftes Spiel und eignen sich in schwimmender Ausführung für große Hechte. In sinkender Ausführung neigen sie dazu, sich in der Hauptschnur zu verfangen!

Für den Anfänger sind kleine Wobbler günstig: Sie werfen sich leichter, lassen sich leichter führen und machen weniger Lärm beim Aufschlag.

Für die Grundausstattung: z.B. Husky Jerk und Shad Rap Countdown Sinking.

Ein absoluter Dauerfänger unter den Tiefläufern!

Tieflaufende Wobbler werden in Tiefen zwischen 2 und 6 m eingesetzt – dem Maximalbereich für das kontrollierte Fischen mit Wobblern.

Erreicht wird diese Tiefe von sinkenden Wobblern, die bei Nachlassen des Zuges absinken und bei Zug wieder langsam steigen, und von Tiefläufern mit großer Tauchschaufel, die bei Zug abtauchen und bei Stillstand schweben.

Tauchwobbler mit ihren langen Schaufeln sind hervorragend geeignet, um am Fuß der typischen „Barschberge" und Scharkanten oder in der Tiefe der Vorgebirgsseen und Stauseen die Räuber zu verführen. Bei Zug tauchen sie rasch ab: Je schneller der Zug, desto schneller sinken sie.

Und gerade im Winter, wo die großen Raubfische kältestarr und beißfaul im tiefen Wasser am Boden stehen, lassen sie sich in der richtigen Tiefe exakt am Maul der Räuber vorbeiführen. Auf zu hoch geführte Köder würde der Hecht hier nicht reagieren, da er, anders als im Sommer, nicht hochschießt, um Beute zu greifen! Mit ihrem hochempfindlichen Seitenlinien-Organ, mit dem sie jede Bewegung bissgenau orten, finden sie auch im trüben Wasser bei schlechter Sicht in tiefem Wasser den Köder.

Für die Grundausstattung: z.B. Countdown, Swim Whizz, Sliver, Shad Rap Deep Runner.

Hecht und Zander lieben Gummi!

Gummifische sind preisgünstig und je nach Größe bei allen Raubfischen erfolgreich. Sie verführen mit aufreizender Beweglichkeit, die sie vor den gierigen Augen der Räuber tänzeln und schwänzeln lässt.

Gummifische werden auf Haken mit Bleikopf gezogen, deren Gewicht sich nach der Wurfweite und der Sinktiefe richtet. Gummifische lassen sich auch mit dem Drachkovitch-System anbieten (S. 52).

Schaufelschwanz-Shads sind vielseitig einsetzbar: Wir können sie auch am Vorfach mit zwei Drillingen ohne Bleikopf werfen oder einen Meter davor eine Bleikugel vorsetzen.

Das Gummi muss sehr weich sein – je weicher das Material, desto besser spielt der Köder, und desto langsamer lässt er sich führen. Die Haken sollten nicht zu lang sein, um nicht das Köderspiel zu behindern. Zu kurze Haken führen wiederum zu Fehlbissen. Der Bleikopf sollte immer so leicht wie möglich sein, um die Köderaktion nicht zu behindern.

Günstig für die Führung sind steife Ruten und dehnungsarme Schnur. Den Köder abwechselnd einholen und ruhen (langsam sinken) lassen, um das Verhalten eines kranken Beutefisches zu imitieren.

Tipp:
Gummifische und Jig-Köpfe sind so billig, dass es sich der Spezialist leisten kann und sollte, ein großes Sortiment Fische und Bleiköpfe in allen Größen und Farben einschließlich Ersatzmuster anzuschaffen, um für alle Jahreszeiten, Gewässer und Fischarten gerüstet zu sein!

Zander haben Gummiköder ganz offensichtlich zum Fressen gern!!

Silikonköder wie Würmer und Twisterschwänze locken mit ihrer flatterhaften Beweglichkeit und dem farbigen Reiz.
Als Standard werden sie am Bleikopf-Haken angeboten.
Werden sie über Grund geführt, kippen sie um und neigen dadurch zu Hängern. Und sie lassen sich dann vom Räuber schlecht greifen.

Der Stehauf-Jig löst dieses Problem: Er landet mit seiner flachen Unterseite aufrecht stehend auf dem Boden und präsentiert so den Haken günstig!
Die Hakenlänge stimmt, wenn die Spitze im Übergang zwischen Körper und dem Wackelschwanz austritt.
Die fängigsten Farben sind rot, weiß, gelb, phosphorisierend und bei sehr klarem Wasser schwarz. Als Auswahl reicht es, drei Größen in 4 bis 5 Farben anbieten zu können.
Führung: Nach dem Einwurf den Köder an straffer Schnur sinken lassen. Mit dem Zeigefinger an der Schnur Kontakt halten. Dann bei Heben und Senken der Rute den Köder mit wechselndem Tempo langsam einholen. Immer wieder auf dem Grund ruhen lassen!
Frösche und Krabbeltiere bieten eine gute Alternative, wenn auf die Schwänze nichts läuft.

Twisterschwänze, Gummiköder

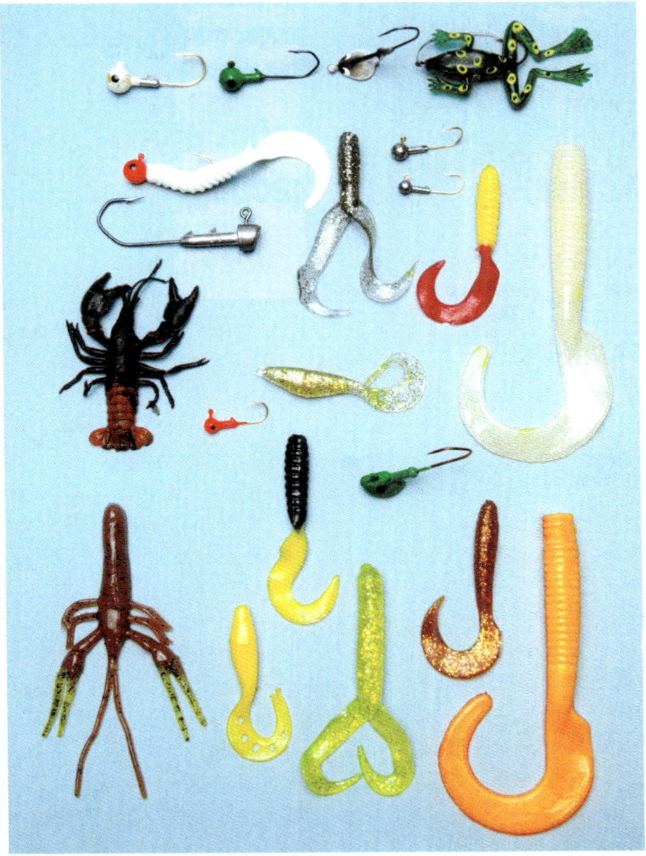

Drachkovitch-System: Der Kupferdraht wird zur Sicherung um den Kopf des Fisches gewickelt.

Systeme sind die Brücke zwischen Kunst- und Naturköder: Ein toter Köderfisch wird am System befestigt und wie ein Spinnköder geführt.

Damit verbindet er den Sichtreiz und die Neugier reizende Wasserverwirbelung des leblosen Köders mit dem Angebot eines natürlichen Köders und dem Reiz seiner Duftstoffe, die er im Wasser verströmt – besonders, wenn der Köderfisch an den Flanken mehrfach eingeschnitten wird.

Das Drachkovitch-System ist ein „Auf-und-Ab-System", das den Köder wie ein Gummifisch auf Bleikopfhaken durch Heben und Senken am Grund präsentiert. Es lässt sich mit etwa 10 cm langen Köderfischen wie Lauben, Rotaugen und dem besonders haltbaren Barsch bestücken oder auch mit einem Gummifisch. Geführt wird es wie ein Twisterschwanz.

Vorteil: Man kann den häufigsten Beutefisch der Räuber präsentieren, wenn man sich die Mühe macht, die richtige Art herauszufinden. Und durch die beiden Drillinge kommt es selten zu Fehlbissen. Damit der Köder nicht abreißt, werden die Systeme an weichen Ruten angeboten.

Das Stocker-System wird „gewobbelt" und wie ein mitteltief laufender Wobbler im Freiwasser angeboten.

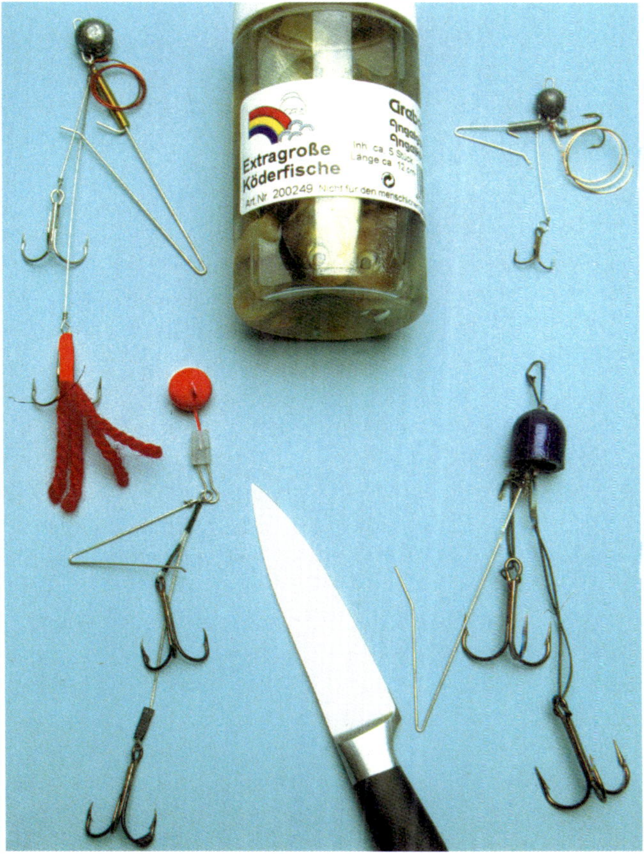
Extragroße
Köderfische
Art.Nr. 200249

Stahlvorfächer, Quetschhülsen und die spezielle Quetschzange

Stahlvorfächer:

Zubehör: Stahlschnur mit geeigneter Tragkraft, Klemmhülsen in verschiedenen Größen und spezielle Quetschzange.

Die Stahlschnur wird wie abgebildet durch die Hülse geführt und gequetscht. Einen zweiten Haken am Vorfach mit dem „No-Knot“ anbinden.

Tiefspinnen:

Über 6 m Tiefe: 10 bis 20 g Bleikugel auf die Hauptschnur gefädelt, senkt den nachlaufenden Köder auf größere Tiefe ab. Das Vorfach muss lang genug sein, damit das Köderspiel nicht behindert wird!

Um in tiefem Wasser Bodenkontakt zu halten bei freiem Köderspiel, ist ein Grundblei am Seitenarm mit einem Dreiwegewirbel geeignet.

Der Bodentaster hält Schnur, Vorfach und Köder auf Distanz zum Grund und verhindert damit Hänger.

Flavour:

Um den Reiz des Kunstköders durch eine Duftspur zu erweitern, wird ein Schwämmchen in eine länglich-runde Form gebracht (Durchmesser 1 cm, Länge 5 cm) und mit der Ködernadel auf die Hauptschnur gefädelt.

Alle zwei bis drei Würfe einige Tropfen Fischaroma aufträufeln, das sich dann in der Spur des Kunstköders verteilt. Funktioniert nur, wenn der Köder mehrfach durch die gleiche Spur gezogen wird!

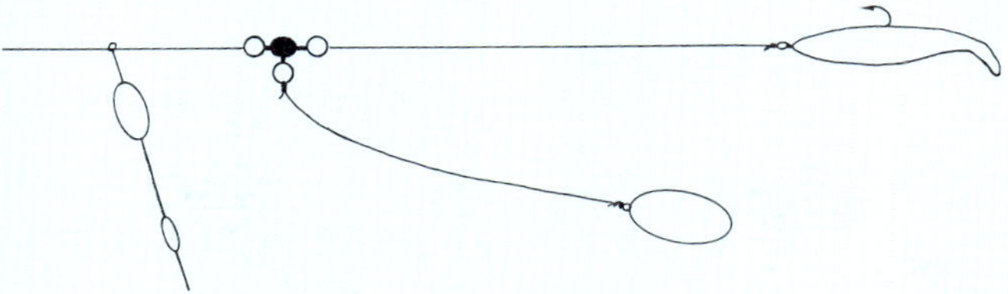

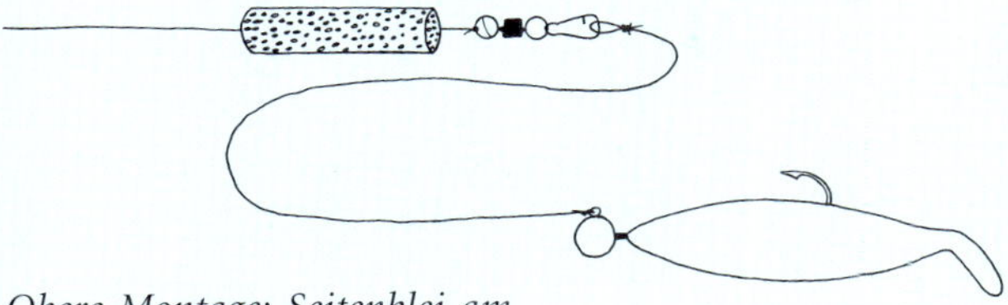

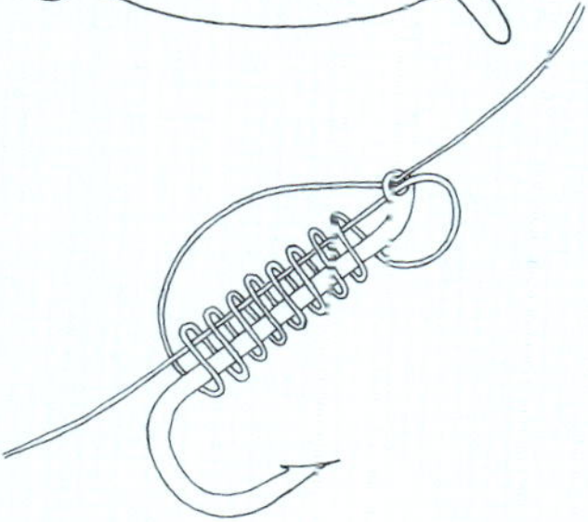

Obere Montage: Seitenblei am Dreiwegewirbel oder alternativ ein Bodentaster, der den konstanten Abstand des Köders zum Boden sichert. Auf dem Bodentaster sitzt oben ein Schwimmkörper und unten ein Gewicht.
Untere Montage: Ein Schwämmchen wird zurecht geschnitten, auf die Hauptschnur gefädelt und mit einigen Tropen Flüssigaroma beträufelt, um eine deutliche Duftspur zu erzeugen.
Knoten: Der schnell zu bindende und sichere No-Knot für den zweiten (oberen) Haken.
Unten geht es zum unteren Haken, oben zur Hauptschnur.

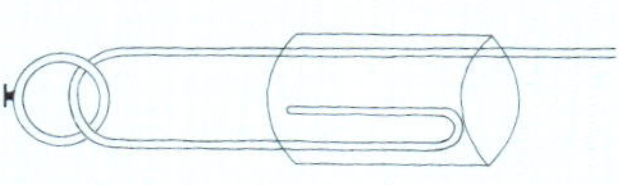

Das Stahlvorfach durch das Öhr des Wirbels oder Hakens fädeln und durch die Hülse führen wie abgebildet. Hülse anquetschen!

Um solche Hechte zu fangen, braucht man eine perfekte Köderführung!

Der Erfolg hängt davon ab, dem Räuber an der richtigen Stelle (meist in seinem Jagdrevier) zur richtigen Zeit (wenn er Hunger hat) den richtigen Köder (den man durch Versuche herausfindet) in der richtigen Tiefe (abhängig von der Jahreszeit und davon, welche Beute er gerade jagt) mit der richtigen Führung (also möglichst reizvoll und lebendig) anzubieten.

Manchmal ist es aber auch wichtig, den Räuber so zu reizen, dass er den Köder angreift, obwohl er keinen Hunger hat!

Die richtige Stelle: Durch Beobachtung erkunden wir die Jagdreviere der Räuber, die sich häufig durch ihr Platschen an der Oberfläche oder durch panisch flüchtende Beutefische bemerkbar machen. Im Sommer findet man sie in geringerer Tiefe, während sie sich im Winter in die tiefen Zonen im Freiwasser zurückziehen.

Die richtige Zeit: Durch Beobachtung erfährt man nicht nur *wo*, sondern auch *wann* die Räuber aktiv sind!

Der richtige Köder: Eine Faustregel. Trübes Wasser und trübes Wetter = auffällige Reizköder. Klares Wasser und klares Wetter = unauffällige Köder mit natürlicher Farbe.

Der Kunstköder soll die Beutefische des Räubers imitieren.

Am Anfang ist es günstig, sich auf wenige Modelle in verschiedenen Größen und Farben zu konzentrieren, bis man ihr Verhalten genau kennt.

Die richtige Tiefe: Eine Jagdtechnik vieler Räuber besteht im Sommer darin, in tieferem Wasser zu lauern, um plötzlich hochzustoßen und sich Beutefische aus den oberen Schichten zu greifen. Zander dagegen lauern meist am Grund ihrer Beute auf: Entsprechend bieten wir den Köder in Grundnähe an (z.B. Twisterschwänze).

Die richtige Führung: Der Köder wird möglichst flach ausgeworfen, um ein lautes Aufklatschen zu vermeiden. Dann warten, bis er auf die richtige Tiefe abgesunken ist.

Generell werden alle Kunstköder langsam geführt (außer beim Fischen auf Rapfen).

Tipp: Ziehen Sie jeden neuen Köder erst vor Ihren Füßen durch flaches Wasser, damit Sie beobachten können, wie er besonders lebendig läuft!

Unter Köderführung verstehen wir, das Lauftempo des Köders zu variieren, ihn durch Heben und Senken der Rute auf und ab taumeln zu lassen, ihn hüpfend über den Grund zu zupfen oder ihn seitlich hin und her zu führen.

Alle Bewegungen werden zart und fein dosiert ausgeführt: Hektik würde auch den gierigsten Räuber verschrecken!

In solchen Seen gibt es schöne Hechte – meist aber nicht die größten!

Ein Echolot ist sehr nützlich, um das Bodenprofil eines Gewässers zu erkunden und vermutete Standorte der Räuber zu entdecken.

Bei der Erkundung helfen auch unsere Beobachtungen über dem Wasserspiegel als Ergänzung zur Echolot-Anzeige: Ufervegetation wie Uferbäume und Büsche. Abgestürzte und versunkene Bäume.

Die Vegetation des Flachwassers wie Schilf und Seerosen.

Verlauf der Uferkanten wie z.B. Buchten, Landzungen und Inseln und auch Krautbetten, die bis an die Oberfläche stoßen können.

Gute Echolote zeigen nicht nur das Bodenprofil mit seinen Erhebungen und die Wassertiefe, sondern auch die Beschaffenheit des Bodens wie Schlamm und Kies oder Sand mit ihrer so genannten Gray Line.

Um die gemessenen Daten auch später zur Verfügung zu haben, ist es ratsam, sich eine möglichst detaillierte Kartenskizze anzulegen, in die man durchaus auch eintragen sollte, welche Räuber man wo vermutet. Und man sollte notieren, um welches Gewässer es sich handelt!!

Zander lieben Einmündungen. Riesige Wasserflächen, wie hier die Oder, bergen riesige Zander und noch riesigere Welse und zur richtigen Jahreszeit ganz riesige Quappen.Fast alle Räuber lieben Unterstände wie Schilf- u. Krautkanten und versunkene Bäume.

Auf großen Booten werden fest installierte Geräte der gehobenen Preisklasse eingesezt.

Für den mobilen Angler, der sein Boot zu verschiedenen Gewässern transportiert oder im Urlaub fremde Gewässer befischt, ist ein transportables Echolot mit Akku und Ladegerät im Koffer handlicher und vielseitiger.

Das Leistungsspektrum dieser preiswerten Geräte ist mittlerweile sehr gut und reicht für den Allround-Angler aus.

Technische Merkmale:

Je höher die Auflösung, desto feiner die Darstellung:

Der Geldbeutel bestimmt die Wahl des Gerätes. Es sollte wenige Tasten besitzen, leicht zu bedienen sein, und es sollte eine deutsche Menüführung beinhalten. Auch die Bedienungsanleitung sollte in deutscher Übersetzung vorliegen.

Wichtig ist die Tiefenangabe in Meter – nicht in Fuß! Mehrere Zoombereiche wären günstig.

Eine Gray Line für die Darstellung der Bodenbeschaffenheit ist eines der wichtigsten Merkmale für den Angler.

Der Schwinger sollte an einer verstellbaren Schwingerstange sitzen. Sie wird mit einer Schraubzwinge am Bootsspiegel befestigt und exakt eingestellt – Schwinger mit Saugnapf lösen sich und müssen zusätzlich gesichert werden.

Benutzung:

Die Display-Beleuchtung sollte nur eingeschaltet werden, wenn unbedingt nötig:

Sie verbraucht viel Energie und die steht durch den Akku nur sehr begrenzt zur Verfügung!

Der akustische Fischalarm sollte ausgeschaltet bleiben: Der Fischalarm der Standardeinstellung ist zuverlässiger!

Bei der Suche nach den Standorten der Räuber kann es sehr

informativ sein, die Schwärme der Beutefische aufzuspüren, die sich mit dem Echolot gut orten lassen.

Wo die Beute steht, ist meist auch der Räuber nicht weit!

Für den Schleppangler in seinem Boot ist das Echolot wichtig, um die richtige Tiefe für seinen Köder zu finden.

Er vermeidet mit seiner Hilfe, über Flachwasser zu schleppen, wo sich der Köder festlaufen würde oder über totem, zu tiefem Wasser zu schleppen!

Ein Transportable lässt sich mit Gewinn sogar auf dem kleinsten Schlauchboot einsetzen. Für den mobilen Angler mit großem Aktionsradius eine Offenbarung!

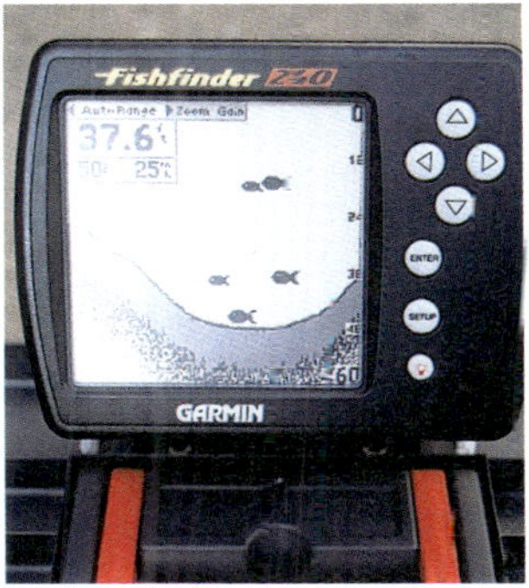

Gute Halter vertragen einen starken Biss, wenn sie an der stabilsten Stelle sitzen: dem Heckspiegel!

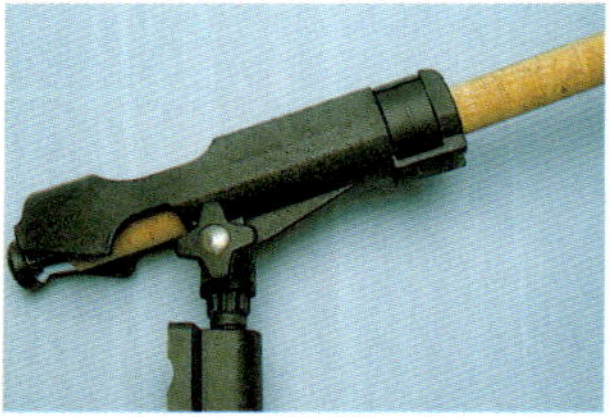

Schleppangeln ist eine Methode für große Gewässer.
Wo erlaubt, ermöglicht es, weite Wasserflächen gezielt nach großen Fischen abzusuchen.

Köder: z.B. tieflaufende Wobbler, die etwa 30 bis 40 m hinter dem Boot laufen.
Zur Markierung des richtigen Abstands einen Stopperknoten auf die Schnur binden.
Günstigste Schlepptiefe: zwischen 3 und 8 Meter.
Rollenbremse lockern!
Mit Hilfe des Echolots die richtige Tiefe halten: z.B. den oberen Bereich der Scharkante in der Nähe der Beutefische.
Schnur: Mono 0,35 - 0,45 mm.

Einsatz:

Mit dem Motorboot im Standgas über den See tuckern und die Rute in der Hand halten, um einen Biss sofort mit dem Anhieb zu quittieren.
Oder im Ruderboot ein bis zwei spezielle Halter am Heck anbringen, um die Ruten auszulegen und das Boot dann in klassischer Tradition per Hand bewegen. Beim Biss die Ruder sausen lassen und Anschlag!

Band 1: Heimische Süßwasserfische

Alle wichtigen Angelfische unserer Binnengewässer, wo wir sie finden und wertvolle Tipps, wie und womit wir sie fangen.

Band 2: Heimische Salzwasserfische

Alle wichtigen Angelfische der Nordsee und der Ostsee, wo wir sie finden und wertvolle Tipps, wie und womit wir sie fangen.

Band 3: Köder und Futter

Alle wichtigen Naturköder und Kunstköder für Süßwasserfische und Meeresfische.

Band 4: Knoten, Schnur und Vorfach

Alles über Angelschnüre, die speziellen Vorfachschnüre und alle wichtigen Angelknoten mit Bindeanleitung.

Band 5: Posen und Schrot

Alles über Posenmontagen: Die einzelnen Posenmodelle, wie wir sie bebleien und wo wir sie einsetzen.

Band 6: Bodenblei und Feeder

Alles über Montagen für die Grundrute und das wichtigste Zubehör.

Band 7: Räuchern, Kochen und Braten

Alles über die schnelle Fischküche für den Angler: Mit einfachen Mitteln räuchern, beizen, kochen, braten und grillen.

Band 8: Erfolgreich auf Friedfisch
Alles über erfolgreiches Angeln auf Friedfische: Taktiken, Montagen, Köder und Geräte.

Band 9: Erfolgreich auf Raubfisch
Alles über erfolgreiches Angeln auf Raubfische mit Kunstködern und Naturködern.

Band 10: Erfolgreich auf Meeresfische
Alles über erfolgreiches Angeln auf Meeresfische vom Ufer und vom Boot.

Band 11: Erfolgreich auf Karpfen
Alles über erfolgreiches Angeln auf Karpfen: Taktiken, Montagen, Köder und Geräte.

Band 12: Erfolgreich auf Forelle
Alles über erfolgreiches Fischen an Forellenteichen und mit der Fliegenrute an natürlichen Gewässern.

JAHR TOP SPECIAL VERLAG
Jessenstrasse 1
D-22767 Hamburg
Telefon 040 / 38906-0
Telefax 040 / 38906-302